CATACLYSME

(Suite)

LE PETIT OFFICE DE LA VIERGE

DANS LE SENS

DE SES APPARITIONS EN FRANCE ET DE LA RÉGÉNÉRATION

PRÉDITE PAR SAINTE HILDEGARDE,

Par Pierre LACHÈZE, de Paris

PARIS

CHARLES DOUNIOL, LIBRAIRE-EDITEUR,

29, RUE DE TOURNON, 29.

CATACLYSME

(*Suite*)

LE PETIT OFFICE DE LA VIERGE

CATACLYSME

(Suite)

LE PETIT OFFICE DE LA VIERGE

DANS LE SENS

DE SES APPARITIONS EN FRANCE ET DE LA RÉGÉNÉRATION

PRÉDITE PAR SAINTE HILDEGARDE.

PARIS

CHARLES DOUNIOL, LIBRAIRE-ÉDITEUR,

29, RUE DE TOURNON, 29.

LE CATACLYSME.

(*Suite.*)

LE PETIT OFFICE DE LA VIERGE

INTERPRÊTÉ DANS LE SENS DE SES APPARITIONS EN FRANCE.

Nous avons dit que les sciences modernes : l'Astronomie et la Géologie, tendaient à prouver les révolutions soit des cieux, soit du globe (*Système du monde d'après Moïse*, 84-95, 183-190). Nous avons conclu que ces changements dans la nature avaient, en puniion des péchés des hommes, étiolé les générations, et qu'il était de a gloire de Dieu, dans sa miséricorde envers nous, de rétablir toutes hoses comme elles étaient avant le déluge, sur la terre et dans le rmament. Le Tout-Puissant va justifier ainsi les paroles de La Ge-èse, démontrer les miracles qui ont changé la face de l'univers, et amener l'ancien peuple privilégié à la connaissance du vrai Messie, ésus-Christ, lui faisant de la sorte tomber le voile des yeux par 'éclat d'un prodige plus merveilleux que celui de Josué, que celui arqué sur le cadran d'Achaz, que celui même des ténèbres à la ıort de Jésus-Christ. (Phlégon, *Système du monde*, 352-354.) 'ous avons annoncé, en conséquence, que ces grands phénomènes 'taient sur le point de s'accomplir. (*Le Cataclysme*, p. 76-81.)

Mais les fléaux précèdent ce grand miracle pour nous forcer en uelque sorte à attirer sur nous, par la pénitence, les miséricordes u Seigneur. Un signe céleste, la croix aperçue dans le halo de la une, par les hardis aéronautes de l'infortuné *Zénith (L'Ascension lu Zénith)*, nous a été donné comme un avertissement. Les inondaions le suivent, et nous en assignons la cause à l'affliction du oleil (*Les causes des inondations*). Cet astre, qui a diminué du tiers, par suite des éruptions volcaniques, d'où sont sorties une infinité de planètes et de comètes depuis 1800, surtout en 1848, et plus que jamais en 1871, produit sur la terre un double effet également désastreux : Ses feux, devenus plus intenses par ses cavités, soulèvent des mers de vapeur d'eau, qui retombent sur les montagnes en flocons de neige ou en trombes d'eau dans les vallées et produisent des inondations subites et inattendues; sa force attractive du globe terrestre, diminuée par le rétrécissement de son disque et par la perte de son éclat, n'attire plus autant par ce jeu de pompe à travers les fissures des montagnes les sources des fleuves (§ 9, *Le soleil*, *Le mois du Sacré-Cœur*, p. 199-205), et les puits sont à sec, les étangs n'ont plus d'eau, l'étiage des rivières est baissé, et à ce moment même, le Danube est tari. Ainsi se trouve justifié le titre que nous avons donné à ce livre : *Le Cataclysme.*

Il est temps de recourir à la prière, comme les bons chrétiens le font en France et partout. La Vierge immaculée nous y engage dans ses nombreuses apparitions, où elle nous laisse l'espérance d'un prompt et puissant secours par le miracle. Or, comme dans l'économie de la divine Providence, l'accomplissement des promesses suit toujours les menaces, lorsque, touchés par le regret de nos fautes, nous revenons sincèrement à Dieu, nous allons revoir non-seulement ce que l'on appelle de beaux jours, mais un état qui dépasse en félicité, en fertilité, en éclat, tout ce qui s'est produit de plus beau dans la mémoire des hommes. C'est l'âge d'or, non pas tel que les païens l'ont imaginé, mais la régénération annoncée par sainte Hildegarde, le *Repas du soir*, le *Festin des noces*, comme prélude aux noces de l'Agneau ; enfin, la réalisation de toutes les promesses faites par Moïse et les autres Prophètes à l'ancien peuple.

N'est-il pas nécessaire alors de prendre à la lettre le règne du Messie, qu'attendent encore les Israélites, et d'interpréter dans le sens obvie les psaumes du petit office de la Vierge, qui font *chorus* à cette triomphale et nouvelle entrée du peuple de Dieu dans la terre promise....?

Nous avons vu déjà le psaume 64e promettre *la joie au lever comme au coucher du soleil*, c'est-à-dire le soleil dans une nouvelle splendeur, et la lune toujours pleine, pour reprendre, non plus deux années solaire et lunaire, mais l'unique *année des miséricordes du Seigneur.*

Et le psaume 64e continue : *Vous vous ceindrez de votre puissance, pour préparer les montagnes dans votre force, vous troublerez les mers dans leurs profondeurs.* Et le psaume 65e est encore plus explicite : *Dieu changera ce qui était mer en terre, et l'on passera à pied sec ce qui était occupé par les eaux. C'est là que nous serons dans la joie.*

Nous avons cité le passage du livre de Judith, si difficile à entendre, mais qui devient si clair avec cette interprétation fondée sur les autres textes de la Sainte Ecriture : *Vous avez envoyé votre Esprit, et tout a été créé; car vous avez parlé, et tout a été fait, et il n'est personne qui résiste à votre voix. Les montagnes seront ébranlées avec les eaux sur lesquelles elles sont posées*, pour rétablir l'ancien continent, *et les pierres se fondront comme la cire en votre présence. Mais ceux qui vous craignent seront très-grands devant vous en toutes choses.* (*Système du monde*, p. 103, 174, 353.) Ainsi se terminera le grand drame du rétablissement du seul continent antédiluvien, dont la rupture est indiquée à grands traits dans le psaume 17e, que nous avons reproduit. (*Ibid.*, p. 349.)

Mais, pour une manifestation si prodigieuse, à laquelle personne de notre temps n'ose s'attendre, il faut accumuler les preuves. Et c'est ce qui nous a porté à donner ce commentaire du petit office de la Vierge, en rapport avec ses nombreuses apparitions en France.

LE PETIT OFFICE DE LA SAINTE VIERGE.

MATINES.

Seigneur, vous ouvrirez mes lèvres, *comme celles du prophète Isaïe, les touchant avec un charbon ardent*, et ma bouche chantera vos louanges.

Seigneur, venez à mon aide ; hâtez-vous, Seigneur, de me secourir. *Mais j'ai déjà confiance en mon salut ; et j'ajoute, comme pour terminer d'un seul trait par cette invocation réitérée comme à Prime, et m'unir sommairement à tous ceux qui disent l'office, cette dernière strophe du* Te Deum. C'est en vous, Seigneur, que j'ai espéré, je ne serai point à jamais confondu. (Ps. 30.)

Invitatoire.

Psaume 94.

Venez, louons le Seigneur *Jésus, assis à la droite du Père ;* réjouissons-nous en Dieu notre Sauveur. Hâtons-nous de lui présenter nos louanges, éclatons de joie par de saints cantiques. Le Seigneur est le grand Dieu, le grand Roi, le Roi des rois ; il ne rejettera pas le peuple qui l'implore. A lui les extrémités du monde, *qu'il peut rappeler pour ne former qu'un seul continent*, en frappant de son regard les pics des plus hautes montagnes. A lui la mer, qu'il a formée, séparée de l'aride, *au commencement, terre et mer étant absolument distinctes et d'un seul tenant.* (Genèse, 1. 9. 10.)

Venez donc adorer et vous prosterner devant Dieu ; pleurons devant le Seigneur qui nous a créés ; il est le Seigneur notre Dieu, et nous sommes les brebis de ses pâturages. Ah ! si vous entendez aujourd'hui sa voix, *vous les témoins de si grandes merveilles*, n'endurcissez pas vos cœurs, comme vos pères, au jour de la contradiction, de la tentation dans le désert, où ils m'ont tenté, bien qu'ils eussent reconnu l'effet de ma toute-puissance. Je fus auprès d'eux pendant quarante ans, et je dis : Le cœur de ce peuple toujours égaré n'a rien compris à mes voies ; aussi ai-je juré qu'il n'entrerait point au lieu de mon repos.

Mais la défense est levée, comme nous le verrons par l'explication ultérieure des psaumes 74, 75 et 76.

Premier Nocturne.

PSAUME 8.

Non, il est impossible de ne pas se rendre à cette invitation touchante de Marie dans ses apparitions, surtout à Lourdes, où les merveilles se multiplient pour la guérison des malades ; c'est là principalement que, de la bouche des enfants et des petits à la mamelle, le Seigneur a tiré la louange la plus parfaite :

Seigneur, notre Dieu, que votre nom est admirable par toute la terre ! Votre magnificence éclate au-dessus des cieux. C'est de la bouche des enfants et des petits à la mamelle que vous avez tiré la louange la plus parfaite en présence de vos ennemis pour exterminer le persécuteur impie. Car je verrai vos cieux, cet ouvrage de vos mains ; la lune et les étoiles, que vous avez créées ; *je les verrai. non point avec le secours des télescopes pour considérer les astres de la nuit, la lune et les étoiles, mais je verrai* vos CIEUX *tels qu'Abraham les a vus, sans pouvoir* calculer, *non plus qu'à Pontmain*, le nombre des étoiles. Qui est l'homme, pour vous le rappeler, ou le fils de l'homme, pour que vous daigniez le visiter ? *L'homme ou le Fils de l'homme*, vous l'avez placé un peu au-dessous des Anges, *dans son Incarnation*, mais c'est pour le couronner et de gloire et d'honneur, établir sa puissance sur les œuvres de vos mains, mettre tout à ses pieds *par la rénovation de la nature*, les petits et les grands troupeaux et tous les animaux de la campagne, les oiseaux du ciel et les poissons qui parcourent les mers. Seigneur notre Dieu, que votre nom est admirable par toute la terre !

PSAUME 18.

La nuit n'a pas toujours été de même durée, les jours ont changé, comme le dit l'Ecclésiastique (ch. 48. 8), *et les heures elles-mêmes pourraient bien avoir varié. C'est pourquoi ces jours anciens révèlent la gloire du Seigneur aux nouveaux jours, et la nuit la révèle à la nuit, pour manifester les hauteurs d'une nouvelle science*, qui doit confondre la sagesse des sages et perdre la science des savants. (Is., 29. 14 ; 1. Cor. 1. 19.)

Les cieux racontent la gloire de Dieu et le firmament annonce la puissance de ses œuvres ; le jour la révèle au jour, la nuit donne la science à la nuit ; il n'est point d'idiôme, point de langue qui ne comprenne cette parole ; le bruit en a retenti jusqu'aux extrémités de la terre. Le Seigneur a placé sa tente dans le Soleil, comme en un lit nuptial, où il s'avance, époux glorieux, pour fournir sa carrière ; il part d'une extrémité du ciel à l'autre pour se retrouver à la même hauteur, et personne n'échappe à ses influences. *Ainsi, lorsqu'au déluge il incline l'orbite du soleil d'un pôle à l'autre pour marquer les saisons, que sous Josué il augmente d'un jour sa course en un an, que sous Ezéchias il accélère de dix jours sa marche, qu'il l'éteint pendant trois heures à la mort de son Christ, il ramène les peuples par la pénitence à la connaissance de sa vérité qui brille comme le soleil ;* et sa loi, toujours pure, convertit les âmes, démontre la fidélité de son témoignage, donne l'intelligence aux petits, réjouit le cœur dans la droiture, éclaire les regards par la lucidité de ses oracles, imprime une crainte salutaire, qui résiste aux vicissitudes du temps, prouve la véracité de ses décrets par leur énonciation même, et les rend de beaucoup plus précieux que l'or et le diament, plus doux que le rayon de miel.

Ah ! votre serviteur trouve dans sa pratique une récompense abondante. Qui cependant peut répondre de lui-même, comme n'étant pas coupable des péchés cachés, des péchés d'autrui, des péchés de condescendance pour les siens, dont l'exemption est la marque d'une grande vertu ? Oui, l'observation de ces préceptes me rendront agréable à vos yeux, si j'en fais constamment en mon cœur le sujet de mes méditations.

Seigneur, soyez mon refuge et mon rédempteur.

PSAUME 23.

Mais voici une porte qui s'ouvre, un voile qui tombe à l'apparition du Verbe à son peuple choisi; voici le Roi de gloire. Ouvrez-vous, portes éternelles, et laissez-nous voir le Soleil de justice, le Dieu des batailles avec la génération qui doit manifester le beau règne.

A Dieu la terre et tout ce qu'elle renferme, le globe terrestre avec tous ses habitants. Il l'a fondé sur les mers ; *sur les eaux les montagnes ont leurs racines* (Judith, ch. 16-17-19 hic), il l'a préparé au-dessus des fleuves, *qui passant de leur embouchure au-dessous des continents, reviennent par un jeu de pompe à travers les fissures des montagnes à la surface, à leurs sources.* (Ecclesiaste, 1. 7. *Cause de capillarité*, 8.) Qui pourra monter jusqu'à Dieu, se présenter dans son lieu saint? C'est l'homme pur, au cœur droit, qui n'a pas livré son âme à la vanité et n'a point faussé ses serments ; c'est lui qui recevra la bénédiction du Seigneur et la miséricorde de son Dieu rédempteur (qui doit ouvrir à ce juste, non-seulement les portes du règne du temps, mais la porte du ciel). Voilà la génération des véritables fidèles, qui cherchent la face du Dieu de Jacob. Ouvrez, Anges du ciel, ouvrez vos portes, élevez-vous, éternels arceaux, pour laisser passer le Roi de gloire. Et qui est ce Roi de gloire ? C'est le Seigneur puissant et fort, le Dieu des batailles. Anges, ouvrez vos portes, élevez-vous, éternels arceaux, pour laisser passer le roi de gloire. Et qui est ce Roi de gloire ? Ce Roi de gloire est *avec son juste* le Dieu des vertus.

Deuxième Nocturne.

PSAUME 44.

Ce juste digne d'entrer aux célestes parvis, où pourra-t-il puiser sa force pour s'attacher au bien et s'y affermir? C'est dans son union à Jésus en la sainte Communion; c'est sous les auspices et en s'animant des exemples de Marie, la plus sublime des créatures; c'est en appliquant l'intention de son cœur à l'étroite union du Fils et de la Mère sur le Calvaire, unissant Jésus en sa Passion pour le racheter, à Marie en sa compassion pour l'adopter, qu'il trouvera la force de triompher de toutes les puissances; car ce cantique est un triomphe.

Mon cœur m'a révélé pour mes œuvres une bienheureuse nouvelle ; je vais la chanter en l'honneur du *Roi de gloire.* Ma langue pour le dire aura la rapidité du style. *Jésus,* vous êtes le plus beau des enfants des hommes, la grâce s'est répandue sur vos lèvres ; et c'est pourquoi vous êtes à jamais béni de Dieu.

Dieu tout-puissant, ceignez vos reins de votre glaive; marchez dans les ressources de votre gloire et de votre beauté, paraissez et régnez dans la vérité, la douceur et la justice, et votre droite vous prêtera un merveilleux appui. Vos flèches acérées iront frapper les peuples jusqu'au cœur de *Satan,* le roi de vos ennemis. O Dieu, *Seigneur Jésus,* votre trône est établi pour tous les siècles (le Christ est hier, aujourd'hui, comme il sera demain. Hébr. 13. 8) ; c'est une force de direction imprimée à votre règne ; c'est une force de justice pour rejeter l'iniquité. C'est pourquoi, ô Dieu, *Seigneur Jésus,* votre Dieu, *le Père en union au Saint-Esprit,* vous a oint et consacré dans la joie au-dessus de vos pareils : et la myrrhe, *l'odeur du sacrifice* (la confession), l'aloès, *le parfum de la pénitence qui nous purifie* (la contrition), et la cannelle, *qui nous préserve* (la satisfaction), embaument vos vêtements *que l'on doit toucher pour être guéri,* et parfument les demeures d'ivoire, *les temples des martyrs; et portant ainsi la bonne odeur de Jésus-Christ,* les filles des rois se font une joie, un honneur de la répandre.

Marie, la reine *de toutes*, est assise à votre droite, conservant *comme l'Eglise, à Rome, dans l'unité* de son vêtement, tout en or *de charité*, la variété châtoyante *des nations diverses*. Ecoute, ô ma fille, *dit le Seigneur*, considère *ta vocation* et incline ton cœur : oublie ton peuple et la maison de ton père, *quittant Anne et Joachim, comme aussi l'espoir de donner naissance au Messie*, et le Roi, épris de ton mérite, *va t'honorer de la Maternité divine* ; car il est *en toi*, le Seigneur ton Dieu, qu'adorent les filles de Tyr, par leurs offrandes, tous les riches des peuples, *ô Marie*, en invoquant ton nom. Oui, toute la richesse de cette fille du Roi est à l'intérieur avec les franges d'or de sa robe *unique à Rome*, dans les variétés de son éclat *parmi tous les peuples*. A sa suite, les vierges seront amenées au Roi, celles qui lui sont associées vous seront, *ô Jésus*, consacrées dans la joie et l'allégresse pour être présentées à votre temple.

Oui, Jésus, à la place de vos pères un autre peuple, *le peuple d'acquisition*, vous est né *par Marie* ; vous établirez vos *Apôtres*, les maîtres du monde entier, ils se rappelleront votre nom dans la suite des siècles et les peuples à leur suite vous honoreront toujours et à jamais.

Psaume 45.

Puis le psaume 45e nous montre les moyens que le Seigneur emploie pour établir son règne, en réalisant ce que nous avons déjà remarqué, le changement de la terre en mer, et vice versâ *au psaume 64e, en transportant les montagnes au sein des mers. Les peuples, stupéfaits à la vue de ce prodige, briseront et brûleront leurs armes.*

Dieu est notre refuge et notre force ; il nous soutient dans toutes les tribulations qui sont venues fondre sur nous. Ah ! nous n'aurons rien à craindre, lorsque la terre sera ébranlée, *au moment où vont se rapprocher les continents pour n'en former plus qu'un seul*, et que les montagnes seront transportées au milieu de la mer, que ses eaux se sont agitées avec fracas et que les montagnes ont été ébranlées par la force de son élan. *Les fleuves ont alors repris leur cours antédiluvien, et de même que, avant le déluge, du paradis terrestre, sur l'emplacement de Jérusalem, l'ombilic de la terre, sortait le Diorix, qui se divisait en quatre : le Phison, le Géhon, le Tigre et l'Euphrate* (Genèse, 2, 10, 14 ; Ecclésiastique, 24, 32-47, *Symbole de saint Athanase,* p. 50-55) ; *de même, pour la rénovation de la nature,* le fleuve *Diorix* réjouit la cité de Dieu, *Jérusalem,* par l'abondance de ses eaux ; et le Très-Haut a sanctifié son Tabernacle ; Dieu ne la quittera plus, il la protégera dès l'aurore. Les nations ont été troublées, les royaumes ont été abaissés, Dieu a tonné, la terre a tremblé ; mais le Dieu des armées est avec nous ; le Dieu de Jacob, *qui ramène ainsi les Juifs,* est notre protecteur.

Venez voir les merveilles que le Seigneur a opérées sur la terre ; il a fait ainsi cesser les guerres jusqu'aux extrémités du monde. Il brisera l'arc, il cassera les armes, il brûlera le bouclier. Taisez-vous, nations de la terre ; sachez que je suis le Seigneur. Je suis glorifié au sein des nations, je serai exalté sur la terre. *Oui,* le Dieu des armées est avec nous ; le Dieu de Jacob, *qui ramène les Juifs,* est notre protecteur.

Psaume 86.

Dieu ramène non-seulement Juda, mais Israël, les dix tribus séparées. (Ezéchiel, 37.) *Les Juifs, dont la réprobation fut le salut des Gentils, seront plus que jamais la cause de la conversion des Gentils ou des mauvais chrétiens, qui ont oublié leur baptême* (Rom., 11. 16). *Et l'Eglise du peuple choisi sera préférée à toutes les autres Eglises :*

Les fondements de l'Eglise sont assis sur les hautes montagnes *tels qu'étaient autrefois les cinq patriarchats : Rome, Jérusalem, Antioche, Constantinople et Alexandrie ;* mais le Seigneur préfère les portiques de Sion à tous les tabernacles de Jacob. On a raconté de toi des choses merveilleuses, cité de Dieu. Je puis me rappeler Rahab et Babylone, comme m'ayant connu : voici que les étrangers, et Tyr, et l'Ethiopie, y ont eu leurs sanctuaires. Mais Sion dira : tel et tel peuple *des chrétiens* ont pris chez moi leur origine ; c'est là que le Seigneur a jeté les fondements de son Eglise. Le Seigneur racontera dans ses annales et les princes et les peuples qui y sont accourus *dans leurs croisades ou leurs pèlerinages*, et la joie de ces multitudes éclatera en toi, *dans les Lieux saints, ô Jérusalem !*

Troisième Nocturne.

PSAUME 95.

Il faut donc annoncer parmi les peuples cette joie de *l'Eglise renouvelée par la conversion des Juifs et des nations de l'univers par le grand miracle du rétablissement de l'écliptique sur l'équateur : car si le psaume 92e emploie l'expression* firmavit en parlant de la création, *le psaume 95e emploie le mot* correxit *en parlant de ce rétablissement.*

Terre, chante au Seigneur, chante un nouveau cantique ; chantez et bénissez son nom pour annoncer de jour en jour son assistance salutaire, sa gloire parmi les nations, ses miracles parmi tous les peuples. Dieu seul est grand, admirable et terrible contre tous les dieux, ces démons que les païens adorent. Le Seigneur a créé les cieux, leur éclat rend hommage à sa Majesté, la sainteté dans sa magnificence doit honorer son temple. Venez donc, pères des peuples, venez présenter à Dieu vos offrandes, la gloire et l'honneur que mérite son saint nom. Prenez des victimes pour les immoler dans ses parvis, adorez Dieu jusque dans son sanctuaire. Que toute la terre s'ébranle en sa présence ; dites aux nations que le Seigneur triomphe ; car il a REDRESSÉ la terre sur sa base primitive et stable, pour montrer au peuple la justice de ses jugements. Que les cieux se réjouissent, que la terre soit remplie de joie et la mer agitée jusque dans ses dernières limites. Les campagnes tressailleront d'allégresse avec tout ce qu'elles renferment, tous les arbres des forêts seront dans la joie en présence du Seigneur qui paraît pour juger le monde, le juger selon l'équité, tous les peuples dans l'éclat de sa vérité.

Psaume 96.

Or voici comment se fait cette correction *de l'univers, laquelle, au milieu même du bouleversement de la nature, ne laisse pas de réjouir le juste, qui en est averti, et qui en rend à Dieu des actions de grâces, parce qu'il y trouve sa délivrance et le triomphe depuis si longtemps attendus.*

Le Seigneur a régné ; que la terre se réjouisse ; que toutes les îles, *en se rapprochant des continents*, soient dans des transports de joie. Les nuées le précèdent dans l'obscurité par *la défection de la lumière du soleil ;* la justice et le jugement sont le soutien de son trône ; le feu, *qui détruit les cités*, marchera devant lui et embrasera tout autour de lui ses ennemis. Les éclairs ont brillé sur toute la terre ; les cieux, *par le redressement de l'écliptique sur l'équateur, qui doit se faire à la suite de la nouvelle position des terres sur la ligne équatoriale, laquelle ne nécessitera plus le va-et-vient du soleil et de la lune du tropique du Cancer au tropique du Capricorne*, les cieux ont annoncé sa justice, et tous les peuples ont vu sa gloire.

Qu'ils soient confondus, ceux qui adorent des idoles et qui s'en glorifient ; mais vous tous, adorez-le, saints Anges. Sion, *l'ancien peuple*, a appris ces merveilles et s'en est réjoui, et les vierges de Juda ont tressailli d'allégresse à la vue de vos jugements, parce que vous êtes le Seigneur Très-Haut, qui dominez la terre ; vous êtes infiniment élevé au-dessus de tous les dieux.

Vous tous donc qui aimez Dieu, détestez le mal ; car le Seigneur garde les âmes, et il les délivre des mains des pécheurs. La lumière s'est levée, en effet, sur le juste, et la joie pour tous ceux qui ont le cœur droit. Réjouissez-vous dans le Seigneur ; célébrez sa sainteté.

Psaume 97.

Tous les éléments de la nature applaudissent à cette rénovation, cette régénération : la mer, les continents, les fleuves, les montagnes, et l'humanité tout entière respire un air plus pur et reconnaît par ses nouveaux chants les miséricordes de Dieu.

Chantez au Seigneur un nouveau cantique, parce qu'il a opéré des merveilles ; sa droite et la sainteté de sa puissance l'ont sauvé, *ont sauvé son Eglise.* Le Seigneur fait connaître son salut; il a révélé sa justice aux yeux des nations, il s'est rappelé sa MISÉRICORDE et sa VÉRITÉ envers la maison d'Israël, *l'ancien peuple*, et tout, jusqu'aux bornes du monde, a vu le salut de Dieu. *Des extrémités du monde on va reconnaître à Jérusalem, cette cité du grand Roi, qu'elle est le centre de la terre par le rapprochement des continents.*

Louez donc en tous lieux le Seigneur ; chantez, réjouissez-vous, psalmodiez ; chantez au Seigneur sur la harpe en harmonie avec l'instrument à dix cordes, les trompettes et le son du cor ; faites retentir vos chants d'allégresse en présence du Seigneur votre Roi. Que la mer en soit émue jusque dans ses profondeurs, tous les continents et ceux qui les habitent ; que les fleuves applaudissent, que les montagnes tressaillent d'allégresse à la vue du Seigneur qui vient juger la terre, l'univers entier dans la justice et les peuples dans l'équité.

PSAUME 98.

(Ce psaume n'est pas du Petit Office.)

Mais que l'on ne croie pas que le grand miracle se fera sans l'intervention de l'homme. Si le Seigneur a employé Josué pour arrêter le soleil, Isaïe pour accélérer sa course, Moïse et Aaron pour dresser l'arche et Samuel pour la conserver, un saint doit surgir pour être l'instrument de ces dernières miséricordes.

Le Seigneur règne, que les peuples tremblent ; il est assis sur les Chérubins, que la terre soit ébranlée. Le Seigneur est grand dans Sion pour relever *son ancien peuple* au-dessus de tous les peuples, qu'ils rendent gloire à la grandeur de son nom, parce qu'il est saint et terrible ; c'est un Roi qui se complaît dans la droiture, qui prépare pour Jacob le *grand* règne de la justice et de l'équité.

Relevez donc la gloire du Seigneur notre Dieu, inclinez-vous devant *son temple, la terre*, l'escabeau de ses pieds (S. Math., 5. 35), parce qu'il lui est consacré. Moïse et Aaron étaient ses prêtres, Samuel était du nombre de ceux qui l'invoquaient. Ils priaient le Seigneur, qui les exauçait et leur parlait dans la colonne de nuée, parce qu'ils gardaient ses ordonnances et le précepte qu'il leur avait donné. Oui, Seigneur, vous les exauciez, vous leur fûtes propice pour exécuter vos vengeances selon leurs désirs. Glorifiez donc le Seigneur notre Dieu, adorez-le sur sa sainte montagne, parce qu'il est saint le Seigneur notre Dieu.

Ecclésiastique.

Chapitre XXIV.

(Le commencement n'est pas du Petit Office.)

1. La Sagesse pourra faire à elle-même son éloge ; elle se glori-
fiera devant Dieu et s'élèvera au milieu de son peuple ; 2. elle parlera dans les assemblées du Très-Haut et se produira devant les
les armées du Seigneur ; 3. elle sera exaltée au milieu de son peuple, et elle sera admirée par tous les saints réunis ; 4. comblée d'éloges parmi la multitude des élus, elle sera bénie de ceux qui seront
bénis de Dieu ; et elle sera bénie de Dieu ; et elle dira à sa louange :

5. « Je suis sortie de Dieu, je suis née avant toute créature.
6. C'est moi qui ai produit dans les cieux, au milieu des Anges, une
lumière indéfectible, et qui ai couvert toute la terre d'une nuée
(*qui ai enfanté le Juste*) (Is., XLV, 8). 7. J'ai habité l'empirée et
mon trône *de miséricorde* était dans la colonne de nuée *qui proté-
geait le peuple de Dieu*. (Exode, XIII, 21, 22.) 8. *Ayant vu l'or-
donnance des cieux et assisté à la création de l'univers* (Prov.
VIII, *Système du monde d'après Moïse*, p. 150), seule j'ai pu
parcourir les limites des cieux, pénétrer les profondeurs de l'abîme,
marcher sur les flots jusqu'aux extrémités des mers, 9. visiter
toutes les contrées, tous les peuples, 10. régner sur tous les empires,
11. fouler aux pieds par ma puissance l'orgueil des grands et des

petits, et fixer *en terre sainte* le lieu de mon repos, pour demeurer dans l'héritage du Seigneur.

1re Leçon.

12. Alors le Créateur de l'univers m'a intimé ses ordres, en reposant dans mon sein ; 13. Il m'a dit : Habitez dans Jacob *pour remplir les promesses faites à Abraham*, héritez *des vertus qui ont illustré les enfants* d'Israël *jusqu'à la venue du Messie* et jetez de plus profondes racines en mes élus *par la rédemption de Jésus-Christ.*

14. Or *moi* qui ai été créée au commencement devant tous les siècles (Prov. VIII, 22, hic v. 5), je ne cesserai de remplir cette mission jusqu'aux âges les plus reculés, et d'exercer devant le Seigneur mon ministère dans la maison sainte, *dans l'Eglise de Dieu.*

2e Leçon.

15. C'est ainsi qu'ayant été affermie dans Sion, j'ai fixé ma demeure en la cité sainte et exercé ma puissance dans Jérusalem ; 16. pour prendre racine parmi le peuple *d'acquisition*, ce peuple digne d'honneur, dont la postérité est le partage de mon Dieu et où je trouve consommée la plénitude des saints.

3e Leçon.

17. *Et, afin de manifester par Marie la riche effusion des grâces répandues à la fin sur le peuple juif à son dernier retour, pour la consommation des saints, l'Ecclésiastique nous montre par Marie la fertilité rendue à la terre promise en ces termes, que confirment la suite et la fin de tout ce chapitre :* Je me suis élevée comme les cèdres du Liban, *comme les Maronites de ces montagnes* (*Fin des temps, 131*), comme les cyprès de la montagne de Sion, *comme les fidèles qui sont comptés par les musulmans pour exercer leur culte à l'intérieur* (*Fin des temps*, 123-128) ; 18. j'ai poussé de vigoureuses tiges comme le palmier de Cadès *ou Cadès-Barné, pour montrer que les enfants d'Israël vont prendre part*

aux promesses : Israël et Juda confondus dans la même ma. pour leur glorieux retour au Messie. Je suis comme la plantati de la rose en Jéricho, *car Jéricho a été la première ville prise p les Israélites avec le secours de l'Arche sainte, et la divi Marie, qui est en même temps l'arche d'alliance du Carme s'emparera de toutes ces contrées pour leur rendre leur ancien fertilité.*

19. Je me suis élevée comme le bel olivier *de la paix* et comm le platane sur le bord des routes *devenues plus sûres*, le long d
rivières. 20. J'ai répandu une odeur de parfum comme la cannell
le baume le plus précieux, l'agréable senteur de la myrrhe la pl
excellente.

21. J'ai rempli ma demeure d'un mélange odoriférant du stora
et du galbanum, de l'onix et de la myrrhe, de la goutte d'ence
tombée d'elle-même ; et moi-même je suis comme le baume le pl
pur et sans mélange. 22. J'étends mes branches comme un tér
binthe ; et ces branches sont des rameaux et d'honneur et de grâc
23. Je suis la vigne en fleur qui répand ses parfums, et ces fleu
sont des fruits de gloire et d'abondance : 24. Car je suis la mère
pur amour, de la crainte (ch. 1, p. hic 46, 47), de la science et de
sainte espérance : 25. En moi toute grâce de droiture et de vérit
toute espérance de vie et de vertu. 26. Venez à moi, vous tous q
me recherchez, et vous serez remplis des fruits que je porte *de m*
Fils bien-aimé Jésus. 27. Car mon esprit est plus doux que le mie
et mon héritage surpasse le rayon de miel le plus pur. 28. Aus
mon nom passera à la postérité la plus reculée. 29. *Oh! mon fru*
béni, mon Fils, est une nourriture et un breuvage, et mon Fi
est un autre moi-même. Ceux qui me mangent auront encore fain
ceux qui me boivent auront encore soif. 30. Ceux qui m'écoutent r
seront point confondus ; ceux qui agissent par moi ne pécheront ja
mais. 31. Ceux qui me font connaître auront la vie éternelle.

32. Tout ceci est le livre de vie, et l'alliance du Très-Haut, qu
nous donne connaissance de la vérité. 33. C'est la loi que Moïse no
a divulguée avec les préceptes de la justice qui renferment et l'hér

tage de Jacob et les promesses faites à Israel. 34. C'est le livre qui parle des promesses faites à David, son serviteur, ce roi très-puissant qui doit sortir de sa race, et s'asseoir à jamais sur un trône de gloire. 35. *Sous le beau règne de ce grand roi représentant le Messie lors de la régénération*, la sagesse s'écoulera à plein bord comme le Phison, comme le Tigre au printemps. 36. L'intelligence débordera comme l'Euphrate et comme le Jourdain pendant la moisson. 37. La science dans sa lumière comme le Géhon au temps des vendanges; *alors les saisons seront confondues en automne et perpétuel printemps*. 38. Ce roi a le premier parfaitement connu la sagesse qui se cache aux faibles mortels. 39. Car ses pensées sont plus vastes que la mer, et ses conseils plus profonds que l'abîme.

40. Je suis la sagesse d'où découlent toutes les sources, je suis l'origine de tous les fleuves, comme le fleuve Diorix qui s'écoule du Paradis terrestre : *car le seul continent antédiluvien étant rétabli, du Diorix partiront les quatre fleuves le Tigre, l'Euphrate, le Jourdain et le Géhon; et c'est Jérusalem, la cité du grand Roi, qui sera le centre de la terre.* (Jud., 9.37.) 42. J'ai dit : j'arroserai les plantes de mon jardin, et je baignerai mes prairies. 43. Et voici que le lit de mon fleuve est si abondant qu'il coule jusqu'à la mer. 44. Au même temps la lumière de ma science sera brillante comme l'aurore *du grand jour*, et de là elle rayonnera jusqu'aux extrémités du monde. 45. Je pénètrerai même *comme l'âme de Jésus-Christ aux limbes*, jusqu'au plus profond de la terre, et fixant mes regards sur tous ceux qui dorment, je serai la lumière de tous ceux qui espèrent au Seigneur. 46. J'édicterai une doctrine toute divine, comme celle des *anciens* Prophètes, je la laisserai à ceux qui recherchent la Sagesse, et je ne cesserai point de leur être présente dans la suite de leur génération jusqu'au siècle saint.

47. Considérez enfin que je n'ai point travaillé pour moi seule, mais pour tous ceux qui recherchent la vérité.

Si Isaie disait à Achaz de demander un prodige dans les hauteurs du ciel ou dans les profondeurs de la terre, *et que, sur son refus, il lui prédisait l'Incarnation* (Isaïe 7); *l'Incarnation ayant eu lieu, la Vierge aura puissance par son Ministre de produire* un prodige *non-seulement* dans les cieux, *par le redressement de l'écliptique sur l'équateur, mais* un signe dans les profondeurs de la terre, *par le rapprochement des continents.* (Système du monde p. 350-352.) *C'est pourquoi nous préférons donner la leçon, selon le rit parisien, tirée d'Isaie, qui annonce l'Incarnation du Verbe et le miracle qui doit en être la suite, que de traduire les leçons selon le rit romain, qui racontent, d'après l'Evangile et pour le temps de l'Avent, cet ineffable mystère :*

« Demandez, continue le Seigneur *par la bouche de son prophète Isaie*, demandez au Seigneur votre Dieu, dans les profondeurs de la terre ou dans les hauteurs du ciel, un prodige, » *qui vous témoigne de la vérité de mes annonces.* « Je n'en demanderai pas, dit Achaz ; je ne tenterai point le Seigneur. » « Maison de David, entendez donc, répond *Isaïe ;* n'est-ce pas assez pour vous d'être à charge aux hommes, sans lasser encore la patience de mon Dieu ? A cause *de votre incrédulité*, le Seigneur vous donnera lui-même un autre signe : VOICI QU'UNE VIERGE CONCEVRA ET METTRA AU MONDE UN FILS, QUI SERA APPELÉ EMMANUEL, *nom qui a été interprété Dieu avec nous* (S. Math. 1. 23).

Avant donc, *et c'est ici le point de départ pour compter les soixante-cinq ans où* Ephraïm, *ou les Juifs*, cessera d'être un peuple (V. 8 du même chapitre), *avant que Jésus ait atteint l'âge de sept ans, l'âge du discernement*, pour réprouver le mal et choisir le bien ; *y ajoutant les soixante-cinq ans énumérés plus haut, le peuple juif cessera d'exister. Et c'est en l'an 72 que Jérusalem a été prise par les Romains et le peuple dispersé.* (Voir le Retour des Juifs, p. 22-24 pour les détails.) *Un si ponctuel accomplissement prévu, six cents ans à l'avance, nous donne l'assurance que le prophète n'a pas parlé en vain pour demander un miracle, non plus comme sous Ezéchias dans les hauteurs du ciel, mais ensemble dans les profondeurs de la terre et dans les hauteurs du ciel, par le rapprochement des continents et par suite le redressement de l'écliptique sur l'équateur. Un iota ne s'effacera pas de la loi.*

En effet, il n'est pas indifférent que le choix ait été laissé par Isaie à Ezéchias d'avancer ou de retarder le cours du soleil; si le roi a opté pour le retard, ce n'est pas à dire que son option n'eût pu être pour l'avance. Quoi qu'il en soit (laissant de côté ce calcul trop difficile), ce qui a eu lieu pour le retard au temps d'Ezéchias, peut avoir lieu maintenant pour l'avance, en suivant dans ce cas la magnifique théorie de Saint Denis l'Aréopagite; et nous dirions, en changeant les termes pour l'avance, ce qu'il a dit pour le retard : « Le soleil reprit, EN AVANÇANT, *une nouvelle route pendant le même espace de temps. » Ainsi la conjonctive est mise à la place de la disjonctive, pour le rétablissement de toutes choses sur la terre et dans les cieux. (Système du monde d'après Moïse*, p. 327-332.)

Or, de même que les cieux ont leur double signe vers le milieu et à la fin des temps, de même les profondeurs de la terre doivent avoir le leur également double, au déluge par la séparation et à la fin par la réunion des continents.

LAUDES.

PSAUME 92.

Mais ces grandes commotions ne se font pas sans préparatifs, et dans la main du Très-Haut il est de secrets ressorts qui ramènent physiquement et moralement à cet état primitif dont nous parlons. Le fléau des inondations dont nous sommes témoins ou victimes, sont annoncées au psaume 92e. (Le psaume 92 dit *firmavit* et le psaume 95 dit *correxit.*)

Le Seigneur règne, il se revêt de puissance et de gloire, pour révéler sa force ; il a ÉTABLI l'orbe de la terre sur sa base primitive et stable ; car il règne dès le commencement avant les siècles, *lors-*

que l'Esprit était porté sur les eaux. *Et c'est pour rétablir cet ordre primitif du globe* que les fleuves élèvent leurs eaux, qu'ils font entendre leurs voix par leurs débordements et le bruit de leurs flots. Les soulèvements de la mer *à l'état de vapeurs ou de trombes d'eau* sont admirables ; mais le Seigneur, qui domine *le soleil* et les cieux, est plus admirable encore. Vos signes sont dignes de créance, ô mon Dieu, et la sainteté décore votre maison, l'*Eglise*, jusqu'à la consommation des siècles.

PSAUME 99.

Mais, afin que le fidèle ne s'inquiète pas outre mesure, des émanations de l'enfer, qui déclarent la guerre à Dieu, ni de ces vapeurs suscitées des mers par le soleil pour se résoudre en pluies torrentielles, le psaume 99e à la suite des psaumes 96e, 97e, 98e déjà ici même interprétés, nous permet de chanter le cantique d'allégresse, dans l'espérance du beau règne établi par sa miséricorde et sa vérité.

Peuples de la terre, poussez des cris de joie en servant Dieu dans l'allégresse, vous présentant à lui dans de saints transports. Vous savez bien que c'est Dieu qui nous a formés sans notre secours ; nous sommes son peuple, les brebis de ses pâturages. Entrez donc dans son temple en actions de grâces, abordez ses parvis en chantant, en louant le Seigneur. Il est plein de bonté, bénissez son saint nom ; sa MISÉRICORDE est éternelle, comme sa VÉRITÉ dans la suite des siècles.

PSAUME 62.

Alors il faut élever notre prière comme l'encens avec nos mains vers le ciel, pour conjurer le Maître de la vie à qui revient le sacrifice du soir (Psaume 140e), *et l'on verra la protection du Seigneur en faveur des elus contre le musulman, qui a dit de grandes choses* (Daniel 7. 8), *mais dont la voix se perd par la conversion de l'ancien peuple à la religion de Jésus-Christ.*

O Dieu, mon Dieu, je veille *dans votre Église* depuis que la lumière *de votre Rédemption* a páru. Mon âme a soif, ma chair soupire vers vous sur cette terre déserte, aride et sans eau. Ah ! je me suis présenté dans votre sanctuaire pour contempler votre puissance et votre gloire ; car votre miséricorde vaut mieux que la vie, et mes lèvres célèbreront vos louanges, *malgré les fléaux et les persécutions.* Ainsi je vous bénirai toute ma vie, et c'est en votre nom que j'élèverai mes mains. Mon âme sera rassasiée dans l'abondance et les grasses substances, et ma bouche vous louera dans de saints transports. Si je m'éveille au milieu des nuits, ce sera, comme le matin, pour méditer vos grandeurs ; car vous êtes mon soutien et je me réjouirai sous vos ailes. Mon âme s'est attachée à vous, et vous m'avez accueilli.

Mais eux, *les musulmans*, ont vainement attenté à nos jours ; ils entreront dans les fentes de la pierre, *et diront : Montagnes, tombez sur nous* (S Math., 24), ils seront livrés à la puissance du glaive *du grand roi*, ils deviendront la proie des renards, *des démons.* Car le roi se réjouira en Dieu, ils le loueront tous ceux qui jurent par son nom, parce qu'on a fermé la bouche à *ce Mahomet*, qui proférait le mensonge ; *habebat os loquere ingentia* (Daniel 7. 8.)

Psaume 66.

Et le psaume 66e est comme le prélude des fléaux annoncés par un autre psaume (106e) : *Confiteantur tibi populi, Deus, confiteantur tibi populi omnes, pour ramener les peuples à la connaissance de la vérité.*

Que Dieu ait pitié de nous, qu'il nous bénisse, qu'il répande sur nous la lumière de sa face *adorable*, et qu'il ait pitié de nous ; que toute la terre connaisse vos voies, ô mon Dieu, et toutes les nations votre salut. Que les peuples vous adorent, que tous les peuples vous adorent ; que toutes les nations soient dans le ravissement et dans la joie, parce que vous jugerez les peuples dans l'équité, vous règnerez sur le monde entier, dans ce beau règne. Que les peuples vous adorent, ô mon Dieu, que tous les peuples vous adorent ; car la terre a donné son fruit, *le Messie ; qu'avec lui* notre Dieu, Dieu nous bénisse, et qu'il soit reconnu jusqu'aux extrémités du monde.

PSAUME 106.

(N'est pas du Petit Office.)

Et voici les puissants moyens que le Seigneur va employer pour réduire les nations sous son empire.

Louez le Seigneur, parce qu'il est bon, parce que sa miséricorde est éternelle. Qu'ils le disent *les Juifs des derniers temps* rachetés par le Seigneur, qu'il a rachetés de la puissance de l'ennemi, qu'il a rassemblés du couchant à l'aurore, de l'aquilon à la mer, *du nord au sud. Lors du rapprochement des continents*, ils ont erré dans des déserts arides sans trouver une ville pour s'y fixer. Épuisés de faim et de soif, ils sont tombés de défaillance. Mais du sein de leur affliction ils ont crié vers Dieu, il les a tirés de leur détresse et il les a conduits en droite ligne vers la ville qu'ils devaient habiter.

Oh ! qu'ils bénissent les miséricordes de Dieu et ses merveilles en faveur des hommes ; car il a rassasié l'indigent, il a rempli de biens l'âme du pauvre, *lorsque le soleil bienfaisant a tout ranimé dans la nature*. Ceux qui étaient assis dans les ténèbres *annoncées déjà* et dans les ombres de la mort, qui étaient enchaînés dans les ténèbres et sous les fers de Satan, rebelles qu'ils étaient à la parole de Dieu et méprisant le conseil du Très-Haut, dont l'âme était humiliée sous de pénibles travaux, périssaient sans secours. Mais ils ont crié vers Dieu du milieu de leur affliction, il les a tirés de leur détresse, il les a fait sortir des ténèbres et des ombres de la mort et il a brisé leurs chaînes. *Voilà pour la régénération physique des astres, et voici pour la régénération physique de la terre.*

Oh ! qu'ils bénissent les miséricordes de Dieu et ses merveilles en faveur des enfants des hommes, qu'ils lui offrent un sacrifice de louange, et qu'ils publient ses œuvres dans l'allégresse. *Les Juifs*, qui sont descendus en mer sur des vaisseaux, travaillaient avec ardeur au milieu des grandes eaux ; ils ont vu les œuvres de Dieu et ses miracles dans l'abîme, *lorsque les continents dilacérés anciennement par le déluge, tendaient à se rapprocher pour n'en plus former qu'un seul.* Il dit, et voici paraître le vent des tempêtes, les flots se gonflent, s'élèvent jusqu'aux cieux, redescendent jusqu'au fond des abîmes ; leur âme se consumait dans la tourmente , ils étaient agités et chancelants comme un homme ivre ; les ressources de leur sagesse étaient épuisées. Ils ont crié vers Dieu du sein de leur affliction, et il les a retirés de leur détresse ; la tempête s'arrêta comme un zéphir ; la mer cessa de mugir ; et ils se réjouirent du calme de l'Océan, et il les conduisit au port de leur destination. *Et voici l'âge d'or, puis les dernières épreuves sous l'Antechrist personnel.*

Oh ! qu'ils bénissent les miséricordes de Dieu et ses merveilles en faveur des enfants des hommes, qu'ils le glorifient dans les assemblées du peuple, et le louent aux assises des anciens. Il a changé les fleuves en un désert *aride* et les sources d'eaux vives en un lieu d'altération, *c'est ce qui se voit maintenant*, la terre fertile en une terre de sel, à cause de la malice de ses habitants ; tandis que les déserts ont vu se former des étangs, la terre aride a eu des eaux courantes. *Jérusalem et la Judée est redevenue terre promise.* C'est là qu'il a établi ses pauvres *Juifs*, c'est là qu'ils ont bâti une ville pour s'y reposer ; ils ont semé leurs champs, planté leurs vignes qui ont produit des fruits en abondance. Il les a bénis, et ils se sont multipliés, il a augmenté leur troupeau.

Mais ils ont prévariqué *sous l'Antechrist* ; et ils ont été réduits à un petit nombre, parce qu'ils ont été humiliés par la tyrannie et l'affliction de l'homme de mal. Ils ont laissé tomber le mépris sur leurs chefs, *Hénoch et Élie que l'Antechrist a fait périr ;* Dieu les a fait errer dans des lieux déserts et impraticables *sur les confins d'Ammon.* Mais il a délivré le pauvre de son indigence et multiplié ses enfants comme des brebis. Les justes, en voyant ces choses, seront remplis de joie, tandis que l'iniquité se fermera la bouche, *après la ruine de l'Antechrist.*

Quel est le sage qui en gardera la mémoire et qui comprendra les miséricordes du Seigneur ?

PSAUME 93.

(N'est pas du Petit Office.)

On le voit, Dieu se déclare contre les impies, en faveur de ses élus ; car tout est pour le petit nombre des élus, omnia propter electos. Or, comme il existe malheureusement un trop grand nombre qui méprise les bienfaits de la Rédemption, dont le Sauveur en croix a voulu faire profiter l'univers entier, le petit nombre, qui suit les maximes de l'Evangile, attire les miséricordes, et le grand nombre, qui les rejette, s'attire, au contraire, les châtiments. C'est dans ce sens qu'il faut lire ce psaume.

Paraissez, Dieu des vengeances, faites-les éclater ; levez-vous pour juger la terre, punissez les impies. Jusques à quand les pécheurs se glorifieront-ils ? Jusques à quand se répandront-ils en sarcasmes impies pour autoriser leur révolte ? Ils ont humilié votre peuple, opprimé votre héritage, massacré la veuve et l'étranger, fait périr l'orphelin. Le Seigneur ne le verra pas, ont-ils dit, le Dieu de Jacob n'en saura rien. Serez-vous assez insensés parmi le peuple, et assez dépourvus pour croire que celui qui a fait l'oreille n'entend pas, que celui qui a fixé l'œil ne voit pas ? Le Seigneur connaît la futilité de vos pensées. Bienheureux celui que vous avez instruit, Seigneur, à qui vous avez enseigné votre loi pour lui adoucir les mauvais jours jusqu'à ce qu'on ait creusé la fosse du pécheur. Non, Dieu ne rejettera pas son peuple, il ne délaissera pas son héritage, sans que la justice ait sa sanction, que le juste paraisse avec lui dans sa gloire. Qui va se lever avec moi contre les méchants, me soutenir contre ceux qui commettent l'iniquité ? Ah ! si Dieu ne m'eût assisté, j'étais sur le bord de l'abîme. Mais à peine avais-je dit : « Je tombe, » votre miséricorde, Seigneur, me venait en aide, et les consolations qui me réjouissaient le cœur étaient en proportion des douleurs qui accablaient mon âme. L'iniquité peut-elle siéger à côté de vous qui nous faites des commandements si pénibles ? Non, les méchants auront beau attaquer le juste, condamner l'innocent, le Seigneur est mon appui, il est l'objet de mon espérance, tandis qu'il fera tomber l'iniquité de l'impie sur lui-même, il le fera périr par sa propre malice ; oui, le Seigneur le fera périr.

CANTIQUE DES TROIS ENFANTS DANS LA FOURNAISE.

Voyez plutôt toute la puissance de Nabuchodonosor, vainqueur de l'Asie et de Jérusalem, la cité du grand Roi, venir se briser, comme la statue représentant les empires, nos empires, devant une fournaise, ou une fosse aux lions, où, sur le refus de l'adorer, il avait jeté les serviteurs du vrai Dieu, les Sydrach, Misach et Abdénago, un Daniel. Les trois jeunes satrapes au milieu des flammes, et sous l'inspiration d'un ange qui les console, chantent les Anges, les continents placés au-dessus des mers (*Système du monde d'après Moïse*, p. 103), le soleil, la lune et les astres, le temps, les montagnes comme les fontaines, les mers et les fleuves, puis les animaux, l'homme et son prêtre, et toute la nature qui répond aux accents du juste, humble de cœur, comme l'étaient Ananie, Misaël et Azarias.

Bénissez le Seigneur, vous, tous ses ouvrages, louez-le et l'exaltez à jamais. Bénissez Dieu, Anges du Seigneur. Cieux, bénissez le Seigneur. Bénissez Dieu, toutes les eaux situées au-dessus des cieux. C'est vous qui couvrez d'eau le dessus des cieux, (Genèse, 6, Ps. 103). Bénissez le Seigneur, toutes les vertus de Dieu. Soleil et lune, bénissez-le. Etoiles, bénissez-le. Pluies et rosées, bénissez-le. Tous les esprits de Dieu, bénissez-le. Froids et chaleurs, bénissez-le. Gelées et frimas, bénissez-le. Bénissez-le, glaces et neiges. Jours et nuits, bénissez-le. Lumière et ténèbres, bénissez-le. Foudres et nuées, bénissez Dieu. Que la terre bénisse le Seigneur. Bénissez Dieu, montagnes et collines. Toute plante qui croît sur la terre, bénissez-le. Fontaines, bénissez ; bénissez-le, fleuves et mers. Bénissez-le, poissons et tout ce qui a vie dans les eaux. Oiseaux du ciel, bénissez-le. Tous les animaux sauvages ou domestiques, bénissez-le. Bénissez-le, ô enfants des hommes. Qu'Israël bénisse le Seigneur, qu'il le loue et l'exalte à jamais. Bénissez-le, prêtres du Très-Haut. Serviteurs de Dieu, bénissez-le en esprit et en vérité, vous tous ses fidèles serviteurs, saints et humbles de cœur, bénissez-le. Bénissez le Seigneur, Ananie, Misaël, Azarias, louez-le et l'exaltez à jamais ; parce qu'il nous a arrachés de l'enfer, sauvés de la mort, délivrés d'une flamme ardente, fait sortir du milieu du feu. Rendez grâces à Dieu, parce qu'il est bon et que sa miséricorde s'étend à tous les siècles. Vous tous, fidèles au Seigneur, bénissez-le Dieu des dieux, louez-le et rendez-lui grâces pour sa miséricorde infinie. — Bénissons le Père, le Fils et le Saint-Esprit, louons Dieu et l'exaltons à jamais. Vous êtes béni, vous, Seigneur, dans le firmament du ciel, *qui porte les eaux supérieures* au-dessus de toutes louanges, au-dessus de toute gloire dans les siècles.

PSAUME 148.

Et le Psalmiste avait chanté de même auparavant les Anges, le soleil, la lune, les astres, le ciel des cieux, les eaux qui sont au-dessus des astres (*Système du monde* p. 103) le temps, les montagnes et les collines, tout animal sauvage ou domestique, les rois de la terre, tous les peuples, les jeunes hommes et les vierges, les vieillards, les jeunes gens ; et tout chante parmi les saints.

Louez le Seigneur du haut du ciel, louez-le au plus haut des cieux. Louez-le, vous tous, ses Anges ; louez-le, vous, toutes ses puissances. Soleil et lune, louez-le ; étoiles éclatantes, louez-le toutes ; louez-le, cieux des cieux, et que les eaux qui sont au-dessus des cieux louent le nom du Seigneur ; parce qu'il a parlé, et tout a été fait, il a commandé, toutes choses ont été créées ; il a tout maintenu de tout temps et toujours ; il a établi l'ordre, il ne manquera pas.

Louez le Seigneur de dessus la terre : ouragans, abîmes, feu, grêle, neige, glace, vents des tempêtes qui exécutez sa parole, montagnes et toutes collines, arbres à fruits, cèdres des forêts, bêtes fauves ou apprivoisées, serpents et oiseaux, roi de la terre, tous les peuples, princes et tous les juges du monde, jeunes gens, jeunes filles, jeunes et vieux, louez le nom du Seigneur, parce qu'il n'est que lui qui soit élevé, sa gloire est au-dessus du ciel et de la terre. Il a relevé la puissance de son *ancien* peuple, sa louange est chantée par tous ses saints, les enfants d'Israël et tout le peuple qui l'approche.

Psaume 149.

Oui, les rois sans Dieu seront réduits à un honteux mutisme, et les rois sans le Christ seront avec leurs vassaux garrottés.

Chantez au Seigneur un nouveau cantique ; que sa louange retentisse dans l'Assemblée des Saints. Qu'Israël se réjouisse en celui qui l'a créé, et que les fils de Sion, *tout l'ancien peuple*, tressaille avec leur roi, *le grand Monarque;* qu'ils louent son nom dans les chœurs, qu'ils chantent sa gloire sur le tambour et le psaltérion. Car le Seigneur se réjouit en son peuple, il élèvera les humbles pour les sauver; les élus de la terre triompheront dans la joie, ils se réjouiront dans les douceurs de la paix. D'un côté, ils ont recours à la prière, de l'autre, ils tiennent le glaive pour se venger des nations, pour châtier les peuples, pour enchaîner les rois, et lier les grands de la terre, afin d'exécuter contre eux le jugement qui les condamne. Telle est la gloire de tous les saints.

Psaume 150.

Et cette victoire est le prélude de l'éternel triomphe des élus.

Louez le Seigneur dans sa sainteté, louez-le sur le trône inébranlable de sa puissance ; louez-le dans ses Anges, louez-le dans son infinie grandeur ; louez-le au son de la trompette, louez-le sur la lyre et la harpe, louez-le avec le tambour et le clairon, louez-le sur les instruments à cordes et sur l'orgue, louez-le sur les cymbales retentissantes, louez-le sur les cymbales de l'allégresse ; louez le Seigneur, toute âme vivante et ressuscitée.

PRIME.

Psaume 53.

Maintenant que, après le triomphe de l'Eglise, nous avons touché aux portes de l'éternité, nous allons supplier le Seigneur de mettre son œuvre à exécution :

Mon Dieu, pour la gloire de votre nom, sauvez-moi, jugez ma cause dans votre puissance. Mon Dieu, exaucez ma prière, prêtez l'oreille à ma voix ; car une soldatesque étrangère s'est élevée contre moi ; des ennemis puissants ont attenté à mes jours, sans penser à Dieu. Mais voici que le Seigneur prend ma défense, il me couvre de sa protection. Détournez les malheurs sur mes ennemis et dispersez-les suivant vos promesses. Ah ! de grand cœur, je vous sacrifierai, et je rendrai gloire à votre nom, Seigneur, parce que vous êtes bon, que vous m'avez délivré de toute tribulation, et que j'ai pu mépriser mes ennemis.

Psaume 84.

C'est le psaume du beau règne, auquel préludait dans cet office le psaume 99e; c'est la bénédiction, c'est la rémission des péchés, l'apaisement de sa colère, enfin la miséricorde et la vérité se rencontrant, la justice et la paix se saluant par un baiser. La lumière est miséricorde, la loi, vérité, la justice, le roi, la paix, la paix. Tel est l'écusson du beau règne.

P
A
LUXƎ⅂
Ǝ
ᴚ

Seigneur, vous avez béni votre terre *promise* ; vous avez délivré Jacob de la captivité ; vous avez remis à *l'ancien* peuple son iniquité, vous avez effacé ses péchés ; vous vous êtes laissé fléchir ; vous avez arrêté les effets de votre indignation. Convertissez-nous, ô Dieu notre Sauveur, et détournez de dessus nous votre colère. Serez-vous toujours irrité, ne vous laisserez-vous jamais toucher ! O Dieu, si vous tournez vos regards vers nous, vous nous rendrez la vie ; faites éclater votre miséricorde, et nous serons sauvés.

Ah ! je vais écouter ce que le Seigneur me dira au fond du cœur pour annoncer la paix à mon peuple, à ses élus, à ceux qui se convertissent sincèrement. Son salut est véritablement proche de tous ceux qui le craignent, pour renouveler sa puissance en notre terre. LA MISÉRICORDE ET LA VÉRITÉ se sont rencontrées, LA JUSTICE ET LA PAIX se sont saluées par un baiser. La vérité est sortie de la terre *promise*, et la justice a paru du haut du Ciel ; car Dieu va répandre sa bénédiction, et notre terre donnera son fruit, *la croyance au vrai Messie.* (Psaume 66. 7.) Devant lui marchera la justice, et il la suivra lui-même dans ses voies.

PSAUME 116.

Alors toutes les nations éclatent en cantiques de louanges : toutes les nations que vous avez créées, viendront *aux saints Lieux*, se prosterner devant vous, Seigneur, et rendre hommage à votre nom (85. 9). Peuples, applaudissez à la gloire de Dieu, poussez des cris d'allégresse. (Ps. 46. 2.)

Nations du monde, louez le Seigneur ; peuples, louez-le tous ; parce que sa MISÉRICORDE s'est affermie sur nous, et que sa VÉRITÉ demeure éternellement.

TIERCE.

PSAUME 119.

Mais on n'arrive à cet état de merveilleuse prospérité que par de grandes tribulations, au milieu desquelles le secours de Dieu ne manque pas.

Dans mon affliction, j'ai crié vers Dieu, et il m'a exaucé. Seigneur, délivrez-moi du trompeur à la langue insidieuse. Que recevrez-vous, quel fruit retirerez-vous de vos calomnies ? Voici les flèches acérées du Tout-Puissant et des charbons dévorants. Ah ! malheureux, j'étais étranger dans Mosoch, parmi les habitants de Cédar, restant avec ceux qui avaient la paix en horreur ; et je ne voulais que la paix, et si je venais à en parler, ils s'élevaient contre moi.

PSAUME 120.

Non, le secours de Dieu ne manque pas, témoin à Lépante Notre-Dame auxiliatrice, et dans nos malheurs aujourd'hui Notre-Dame de presque toutes les contrées de la France.

J'ai levé mes yeux vers les montagnes, *les Alpes, les Pyrénées, le Jura, l'Apennin,* pour savoir d'où me viendra mon secours ; car mon secours vient du Seigneur, qui a fait le ciel et la terre. *Et Notre-Dame auxiliatrice répond à Pontmain* : DIEU VOUS EXAUCERA EN PEU DE TEMPS. *Dieu,* qui vous garde, ne permettra point que vos pas soient mal affermis ; il ne dormira pas, il ne s'endort jamais assurément celui qui garde Israël, il ne dort point, il vous garde, il vous protége, vous tenant par la main. Le soleil, *dans sa défection,* brûlant de ses feux triplés les montagnes (*Système*, p. 338), ne vous brûlera pas le jour ; non plus la lune, *qui se ressent également de cette ardeur de l'astre qui lui communique ses rayons incandescents,* ne vous brûlera pas la nuit. Le Seigneur vous préserve de tout mal ; que Dieu vous garde, qu'il vous dirige à la vie, à la mort, jusque dans l'éternité.

SEXTE.

PSAUME 122.

Et le fidèle, rassuré par ces promesses, prie encore, prie toujours, implorant dans sa détresse le secours du Tout-Puissant.

J'ai élevé mes regards vers vous qui êtes aux cieux, et, de même que les yeux du serviteur interrogent le maître, que les yeux de la servante consultent sa maîtresse, de même nos yeux se tournent vers le Seigneur notre Dieu, jusqu'à ce qu'il ait pitié de nous. Ayez pitié de nous, Seigneur, ayez pitié de nous, parce que nous sommes rassasiés d'opprobres : mépris de la part du riche, dédain de la part de l'ambitieux ; notre âme en est rassasiée.

PSAUME 123.

Et le fidèle est délivré, comme le passereau des filets du chasseur, du chasseur qui ne laissait aucun espoir de délivrance.

Si Dieu n'eût été avec nous, qu'Israël le dise maintenant, si le Seigneur n'eût été avec nous, la fureur des méchants animée contre nous nous aurait peut-être engloutis tout vivants das l'abîme. Entraînée par le courant des eaux, notre âme n'aurait pas sans doute résisté à cet affreux torrent. Mais que Dieu soit béni, qui ne nous a pas livrés à leurs dents meurtrières. Notre âme s'est échappée comme l'oiseau du filet des chasseurs, le filet s'est brisé, et nous sommes sauvés. Ah ! notre secours est au nom du Seigneur qui a fait le ciel et la terre.

PSAUME 124.

Et comment s'est opérée cette merveilleuse délivrance ? C'est par le cataclysme qui bouleverse l'univers, qui arrête les mauvais desseins des impies et qui fortifie le faible contre leur séduction.

Ceux qui se confient au Seigneur seront comme le mont Sion, *ils seront affermis comme l'ancien peuple*, qui vient habiter Jérusalem pour ne jamais en être chassé. Les montagnes *des nouveaux continents* environnent cette cité, *redevenue le centre de la terre.* (Ezéchiel, 38. 12), et le Seigneur règne sur son peuple depuis ce temps et à jamais ; car Dieu ne laissera pas la race des justes sous la verge des pécheurs, de peur qu'elle ne se livre à l'iniquité. Ah ! bénissez-la, Seigneur, à cause de la droiture de son cœur ; mais couvrez de confusion ceux qui s'éloignent de leurs devoirs pour suivre les pécheurs. Que le Dieu d'Israël nous en préserve.

NONE.

Psaume 125.

Voici la gerbe de la moisson que l'on porte avec joie ; c'est la marque de la fertilité de la terre, surtout de la terre promise, ruinée et dépeuplée par les Romains, bouleversée par les tremblements de terre sous les musulmans, et ramenée à son état primitif de prospérité après le cataclysme ; c'est la réalisation des promesses faites en faveur du peuple juif, si souvent réitérées dans les saintes Lettres.

Lorsque Dieu a ramené Sion de sa captivité, cela nous a paru comme un rêve. Nous ne pouvions nous contenir dans les transports de notre joie, dans les chants d'une vive allégresse. On disait partout : Dieu a fait éclater sa puissance en leur faveur, même en notre faveur, et nous nageons dans la joie.

Seigneur, ramenez la captivité comme les torrents dans l'abîme ; *qu'après la jonction des continents en refoulant les torrents des mers, l'ancien peuple recouvre ses privilèges. Alors reparaîtra la fertilité de l'abondance* : Ceux qui semaient dans les larmes récolteront dans la joie, ceux qui allaient tristement semer reviendront à leur joyeux retour portant les gerbes de leur moisson.

Psaume 127.

Et pour continuer le récit des bénédictions promises à la race d'Abraham, redevenue fidèle, ce psaume nous annonce pendant le beau règne les bénédictions de la famille.

Le bonheur accompagnera celui qui craint le Seigneur et qui marche dans ses voies ; car, *ô mon peuple de nouveau choisi*, vous vous nourrirez du fruit de vos travaux (vous ne planterez pas pour qu'un autre ait la jouissance) (Isaïe 45. 22) ; tout sera pour vous, heureux et prospère. Votre épouse sera dans votre intérieur comme une vigne fertile, et vos enfants autour de votre table seront comme un jeune plant d'oliviers. Telle sera la bénédiction de celui qui craint Dieu. Que cette bénédiction se répande du haut de Sion pour jouir des biens de Jérusalem tous les jours de votre vie, et pour voir dans les enfants de vos enfants la paix qui règne en Israël.

Psaumes 74, 75 et 76.

(Ces psaumes ne sont pas du Petit Office.)

Nous avons dit que la défense au peuple juif d'entrer dans la terre promise était levée par l'explication des psaumes 74e, 75e et 76e ; voici comment va s'opérer cette merveilleuse transformation :

74.

Nous vous bénirons, Seigneur, nous vous bénirons, nous invoquerons votre nom et nous raconterons vos merveilles *au moment que vous aurez déterminé pour protéger vos élus*. Lorsque le temps sera venu, *dit le Seigneur*, je jugerai les justices mêmes ; la terre s'est comme fondue avec ses habitants, *lors du cataclysme, qui va rapprocher les continents*, puis je l'ai rétablie sur ses *anciennes* bases *pour la formation d'un seul continent*. J'ai dit au pécheur : « Cessez vos désordres, » à l'impie : « Ne vous glorifiez point de votre puissance, n'affectez pas ces airs de hauteur pour murmurer contre Dieu ; car vous n'aurez aucun appui ni de l'orient, ni de l'occident, ni du côté des montagnes *devenues* désertes *par le rapprochement des terres*. Oui, le Seigneur est votre juge ; il abaisse celui-ci pour élever celui-là ; dans sa main est le calice de sa fureur, qu'il déverse de l'un sur l'autre, sans en avoir encore épuisé la lie ; il faut que tous les peuples de la terre en boivent. »

Voilà, *dit le grand Pontife*, ce que je suis chargé d'annoncer au siècle ; c'est là mon cantique au Dieu de Jacob, je briserai toute la force des méchants pour élever le juste en gloire et en puissance.

75.

Le Seigneur est connu des Juifs, et son nom est grand parmi les *dix tribus* d'Israël ; les Lieux saints reconquis au Seigneur sont affermis dans la paix, depuis qu'il y a brisé toute la force des arcs, le bouclier, le glaive et la guerre. (Ps. 45.) Votre lumière éclate miraculeusement du haut des collines éternelles, lorsque *vous ramenez votre peuple sur l'ancien continent*. Tous les pervers sont dans une frayeur telle qu'ils dorment d'un sommeil léthargique (*somnum suum*), et que tous les puissants ne peuvent recouvrer leurs forces, sous le coup de vos châtiments. Dieu de Jacob, le cavalier tombe du sommeil *de la mort*. Vous êtes terrible, et qui peut soutenir les effets de votre colère ? Du ciel à peine est sorti votre arrêt, que la terre tremble, elle se tait, lorsque vous vous levez pour exercer vos jugements et sauver les hommes pacifiques ; car la colère servira vos desseins, et ses derniers mouvements tourneront à votre gloire.

Faites donc des vœux au Seigneur et les accomplissez, vous tous qui allez présenter vos offrandes aux autels de ce Dieu terrible, qui perd la sagesse des princes, et qui glace les rois d'épouvante.

76.

Le fidèle reprend : J'ai crié de toutes mes forces, de toute l'étendue de ma voix vers Dieu, et il m'a exaucé. Au jour de la tribulation, j'ai invoqué le Seigneur, élevant, sans les abaisser, mes mains vers lui toute la nuit. Mon âme a refusé toute consolation. A la pensée de Dieu, ma conscience se troublait ; je méditais ses grandeurs, et mon esprit était abattu ; mes yeux s'ouvraient avant l'aurore, et dans ma stupeur je demeurais sans voix. J'ai repassé dans mon âme les anciens jours, et dans l'avenir l'éternité ; interrogeant mon cœur durant la nuit, j'agitais et roulais ces pensées :

Dieu nous rejettera-t-il pour toujours ? Ne nous sera-t-il plus propice ? Ses promesses seraient-elles perdues pour le reste des générations ? Aurait-il oublié de pardonner ? Retiendra-t-il sa miséricorde dans sa colère ?

Je me suis cru perdu dans l'année de la droite du Très-Haut (1), *par la révolution des astres qui confond désormais en une seule année les années solaire et lunaire.* (Ps. 64.) Je me suis rappelé les œuvres du Seigneur ; car je reprendrai depuis le commencement l'histoire de vos merveilles, *dont ce dernier miracle est comme le résumé, puisqu'il rétablit toutes choses dans l'ordre genésiaque.* J'ai médité sur toutes vos œuvres, et j'ai parlé de votre admirable conduite. O Dieu ! toutes vos voies sont conformes à votre sainteté. Est-il un Dieu aussi grand que notre Dieu ? Vous opérez des merveilles, vous avez révélé votre puissance aux nations. Vous avez racheté dans la force de votre bras les enfants de Jacob et de Joseph, *et le peuple juif et le peuple israélite.* Les eaux, dans leur agitation, vous ont vu, Seigneur, les eaux vous ont vu *pour soulever en dessous la terre ;* elles ont révéré *votre puissance,* et les abîmes se sont troublés, *pour la rétablir en un seul continent.* Le bruit des flots est effroyable, et dans les nuées la foudre éclate et se livre passage au bruit du tonnerre sur l'orbe de la terre qui s'ébranle et tremble. La mer est un moyen de marquer votre passage, dont personne ne peut suivre les traces. *La mer rapproche les rivages les plus éloignés pour former de nouveau l'ancien monde :* et c'est ainsi que vous ramenez votre peuple comme des brebis sous la houlette de Moïse et d'Aaron.

VÊPRES.

PSAUME 109.

En conséquence, Jésus-Christ, qui, après avoir bu de l'eau du torrent de Cédron, est monté au ciel pour s'asseoir à la droite

---

(1) Mot à mot suivant l'hébreu : *Cogitavi infirmari meipsum anni* (pour *anno) dexteræ excelsi.* Arias Montanus : *Et dixi infirmari meum ipsum anni dexteræ excelsi,* autre : *Cogitavi occidere me propter annos.*

de son Père, et qui redescendra sur les nuées, de même qu'il est mon'é, pour juger les vivants et les morts (Actes I, n° 11), *ce même Jésus doit auparavant combler les ruines, c'est-à-dire les réparer et prendre possession de son règne sur terre, en brisant les rois au jour de sa colère.*

Le Seigneur a dit à mon Seigneur, asseyez-vous à ma droite, (S. Matt. 22, 44.) jusqu'à ce que je réduise vos ennemis à vous servir de marche-pied. Le Seigneur enverra de Sion, *de l'ancien peuple*, la verge de votre puissance pour vaincre vos ennemis. Avec vous est le PRINCIPE (St-Jean 8. 25.) au jour où vous déploierez votre force dans les splendeurs des saints ; je vous ai engendré de mon sein avant l'aurore *du premier jour*. Le Seigneur en a fait le serment irrévocable : vous êtes prêtre à jamais selon l'ordre de Melchisédech. (Genèse, 14. 18 ; Héb. 5, 6-10 ; 7. 1-10 ; 11, 7-15.) *Oui*, le Seigneur est à votre droite, il brisera les rois au jour de sa colère (Ps. 2. 9 ; Apoc., 2. 27.), il jugera les nations, il comblera les ruines, et brisera contre terre la tête de plusieurs, et, vous-même, *ô mon Christ, qui êtes un avec moi*, parce que vous avez bu de l'eau du torrent *de Cédron, en marchant courbé, comme une victime, au Calvaire,* vous redresserez la tête.

PSAUME 112.

Or, voilà l'instrument de cette grande merveille du beau règne ; c'est le Pontife saint, le pauvre que Dieu suscite de la poussière, l'humble qu'il relève de dessus le fumier, pour le placer parmi les princes, les princes de son peuple.

Louez *donc* le Seigneur, vous, ses serviteurs, louez le nom du Seigneur. Qu'il soit béni ce saint nom depuis ce jour jusqu'à jamais ; depuis le lever du soleil, *le nouveau soleil*, jusqu'à son coucher, *son obscurcissement tout à fait à la fin,* il faut toujours bénir Dieu, qui domine les nations, et dont la gloire éclate au-dessus des cieux *par les grands prodiges*. Qui est semblable à notre Dieu, *quis ut Deus* (2. Rois 22, 31), Dieu, qui, habitant les sublimes régions, incline ses regards vers le ciel et la terre, pour tirer le pauvre de la poussière, l'humble de dessus le fumier afin de le placer parmi les princes, les princes de son peuple, et donner *à la nation juive*, qui était stérile, la gloire de la fécondité, la joie de se voir la mère des multitudes.(Isaïe, 54. 1.)

PSAUME 121.

Alors Jérusalem revient en pensée : Cette cité du grand Roi est fondée, elle repose en Dieu, et les promesses de la cité céleste, dont elle est l'auguste parvis, sont accordées à tous les pèlerins, qui l'ont visitée dans son affliction, et des nouveaux triomphateurs qui doivent la protéger dans la paix.

Je me suis réjoui à la nouvelle que nous irions dans la céleste demeure. Nos pieds se sont affermis dans tes parvis, ô Jérusalem, dont toutes les pierres sont réunies ensemble ; car c'est là que sont montées toutes les tribus du Seigneur, les tribus *des pèlerins en terre sainte*, les tribus *du dernier retour*, tous ces témoins d'Israël qui bénissent le nom du Seigneur, *comme au ciel les patriarches, les prophètes et les martyrs.* (*Fin des temps,* 272.) *Oui*, c'est là que sont établis les trésors de la justice, les trônes de la maison de David. (*Ibid.* 161.)

Demandez que la paix règne en Jérusalem et l'abondance pour ceux qui la chérissent : la paix dans tes forteresses et l'abondance dans tes tours. Par amour pour mes frères et mes amis, je t'ai souhaité la paix, et pour la gloire du temple de Dieu, j'ai désiré ton bien.

PSAUME 126.

Mais si la cite de Dieu s'élève, si Jérusalem s'édifie, Babylone est détruite par le mérite des martyrs, pour la confusion de leurs ennemis (Ste-Hildegarde, *les Œuvres divines de l'homme simple,* 10e Vision, n° 17. *Système*, p. 375.)

Si le Seigneur ne bâtit une maison, c'est en vain que travaillent ceux qui la construisent ; si le Seigneur ne garde une cité, *comme il gardera à la fin Jérusalem sans murailles* (*Fin des temps*, 247), c'est en vain qu'on y pose des sentinelles. Vainement vous vous levez avant l'aurore, vous prolongez vos veilles, vous vous nourrissez du pain des larmes. *Reposez-vous en Dieu*, car c'est ainsi que le Seigneur donne le repos à ses fils bien-aimés, *lorsque l'époux, Jésus-Christ, est avec eux* (St-Luc, 5. 34); et tel est l'héritage du Seigneur, ô mes fils, et la récompense du fruit de ses entrailles, *lorsqu'il a enfanté sur le Calvaire ces nombreux martyrs.* Ils sont comme des flèches dans une main puissante, ces enfants opprimés. Bienheureux celui qui remplit son carquois de ces *flèches. Bienheureux celui qui a la même force que les martyrs*, il ne sera point confondu lorsqu'il parlera à ses ennemis aux portes *de la cité sainte.*

PSAUME 147.

Sion chante alors son action de grâces de ce que Dieu a fortifié les portes de cette cité bienheureuse, en y établissant la paix et l'abondance par son souffle, qui rompt par la chaleur d'un soleil plus élevé les glaces des pôles, il fait refluer les eaux qui séparent les continents, afin que les cinq parties du monde étant réunies, l'Evangile puisse être plus facilement prêché, suivant les promesses, à toute nation.

Chante, Jérusalem ; Sion, rends grâces à Dieu de ce qu'il a fortifié l'entrée de tes portes, qu'il a béni tes enfants dans ton enceinte ; qu'il a établi la paix sur tes frontières, rassasié ta faim du plus pur froment ; il envoie sur la terre sa parole, qui se répand aussitôt partout. *Pour cela* il fait tomber la neige comme des *flocons* de laine, il sème comme la cendre la gelée blanche ; il fait tomber la glace comme des grelons ; qui pourra supporter les rigueurs de ses gelées ? Il enverra sa parole, et il les fera fondre ; au souffle de son esprit les eaux vont s'écouler. Et c'est ainsi qu'il annonce sa parole à Jacob, *aux Juifs* ses jugements et ses ordonnances à Israël *à leur dernier retour*. Il n'est point d'exemple parmi les peuples d'une semblable protection pour manifester ses justices.

COMPLIES.

Psaume 128.

Complies, le mot le dit, renferme la conclusion, à savoir : que ceux qui s'approchent de Dieu seront bénis, et que ceux qui s'en éloignent périront. De même donc que nous avons vu les fidèles porter les gerbes de leur moisson (Ps. 125, hic, p. 140), *de même nous voyons ici les méchants ressembler au chaume de l'humble chaumière, qui ne peut contenir aucun grain pour le moissonneur.*

Ils m'ont souvent attaqué dès mon enfance, qu'Israël le dise maintenant, ils m'ont souvent attaqué, sans prévaloir contre moi. Les pécheurs m'ont imposé leur joug pour labourer ; ils ont prolongé leurs sillons ; mais Dieu, dans sa justice, a rompu l'attelage des pécheurs. Qu'ils soient donc confondus et mis en fuite tous ceux qui n'aiment point Sion ; qu'ils deviennent comme le chaume des toits, qui sèche avant qu'on l'arrache, qui ne peut remplir l'espoir du moissonneur, ni satisfaire celui qui recueille les gerbes, et dont les passants n'ont pu dire en le voyant : la bénédiction de Dieu vous accompagne, et nous vous bénissons.

Psaume 129.

C'est pour éviter ce malheur que l'on chante le psaume De profundis.

Du plus profond de l'abîme, j'ai crié vers vous, Seigneur ; Seigneur, écoutez ma voix ; que vos oreilles soient attentives à la voix de ma prière. Si vous tenez un compte exact de nos iniquités, ô mon Dieu, qui pourra subsister devant vous ? Mais vous êtes plein de miséricorde, j'espère en vous, Seigneur, à cause de votre loi. Mon âme attend l'effet de vos promesses ; mon âme a mis toute sa confiance en Dieu. Que depuis le matin jusqu'au soir Israël espère au Seigneur, car le Seigneur est rempli de bonté, et la rédemption qu'il nous a préparée est abondante ; c'est lui qui rachètera Israel de toutes ses iniquités.

PSAUME 130.

Quoi de plus propre à nous maintenir dans l'humilité, la vertu particulière aux saints, vertu qu'il faut demander à Dieu, pour ne point éprouver les fléaux de sa justice sur terre et ne point tomber dans l'abîme.

Mon cœur ne s'est point enflé d'orgueil, je n'ai point affecté des airs de hauteur pour marcher dans la pompe au-dessus de mon rang. Si je n'ai point eu d'humbles sentiments de moi-même, si j'ai voulu m'élever, que mon âme soit privée de vos douceurs comme l'enfant au sevrage. Mais non, qu'Israël espère au Seigneur, maintenant et à jamais.

Récitons le Te Deum, *le* Benedictus *et le* Magnificat, *pour montrer, assis à la droite du Père, le Seigneur Jésus, comme parti de l'orient pour s'incarner dans le sein de Marie. Puis, en dernière analyse de ce petit traité, nous chanterons toutes les hymnes du Petit Office, qui résument toutes ces merveilles et ces mystères.*

Celui que la terre, la mer et les astres révèrent et font adorer et connaître, le suprême ordonnateur de ces trois éléments, vient se renfermer dans le sein de Marie. C'est à lui qu'obéissent, pour régler les temps, le soleil, la lune et les étoiles, et la grâce du ciel, répandue en Marie, le fait concevoir dans ses chastes flancs. Devenue mère par un heureux privilége, le Créateur suprême, qui de sa main soutient l'univers, se réduit à l'état d'enfant. Et voici qu'un message du ciel lui annonce une heureuse fécondité par l'opération du Saint-Esprit. O Jésus, né d'une Vierge, à vous en soit la gloire avec le Père en union au Saint-Esprit dans tous les siècles.

O la plus glorieuse des Vierges, qui atteignez les astres, vous nourrissez de votre lait l'enfant même qui vous a créée. Ce qu'Ève nous avait enlevé, vous nous le rendez par votre sublime Enfant, et, nous faisant à nous malheureux, traverser les astres, vous nous ouvrez les portes du ciel. O Jésus, né d'une Vierge, à vous en soit la gloire avec le Père en union au Saint-Esprit dans tous les siècles.

Étoile de la mer, féconde Mère de Dieu, toujours Vierge, je vous salue comme la porte du ciel. Par ce salut de l'Ange Gabriel, établissez-nous dans la paix qu'Ève nous avait enlevée. Apportez par votre Fils la liberté aux pécheurs, la lumière aux aveugles, toutes sortes de biens et la délivrance de tous les maux. Montrez-vous notre Mère en faisant agréer nos prières à Jésus, qui a voulu vous appartenir pour nous sauver. O Vierge incomparable, et plus douce que toutes les Vierges, faites qu'affranchis du péché, nous soyons conservés dans la douceur et la chasteté. Que notre vie soit pure, notre chemin assuré par la vue de Jésus, pour être à jamais heureux. A Dieu le Père, à Jésus Très-Haut, au Saint-Esprit, une seule et même louange.

Souvenez-vous, ô Créateur de l'univers, que vous avez daigné prendre dans le sein virginal de Marie une nature semblable à la nôtre. Marie, Mère de grâce, Mère de la plus douce miséricorde, préservez-nous de l'ennemi, et recevez-nous à l'heure de la mort. O Jésus, né d'une Vierge, à vous en soit la gloire avec le Père en union au Saint-Esprit dans tous les siècles.

Concluons. Puisque le Seigneur Jésus est le Créateur et le coordonnateur des astres, il n'est pas surprenant qu'il donne à sa Mère, à qui il ne peut rien refuser, autant et plus de puissance qu'il n'en a accordé à Noé, à Josué, à Isaïe. Il peut donc et il veut, par les mains radieuses de Marie, opérer la régénération physique, que nous avons démontrée nécessaire par l'explication du Petit Office de la sainte Vierge. Et il le fera, il va le faire. Les quatre planètes découvertes en huit jours (le MONDE *du* 25 *novembre 1875, fête de Ste-Catherine d'Egypte*), *prouvent une seule chose, fort à propos, au moment même où nous terminons cet opuscule, c'est que le soleil se décompose par leur émission hors de son disque. Cette émanation des facules du soleil par une multitude de planètes produit ces excavations épouvantables qui se manifestent dans sa constitution, et cause d'un côté les inon-*

dations, de l'autre l'épuisement des fontaines, ainsi que nous l'avons expliqué. (Hic, p. 109.) *C'est une horreur par l'affliction de l'œil de la nature, qui nous doit amener à résipiscence pour espérer et attendre de plus beaux jours. Que si dans les hymnes il est parlé des quatre éléments : l'eau, le feu, la terre et l'air, nous défions la chimie d'apercevoir dans le spectre solaire, par la décomposition des couleurs, autre chose que la décomposition même de l'astre du jour.*

« Des métaux aux planètes, la transition eût été très-naturelle pour les anciens, qui leur avaient donné les mêmes noms et supposaient entre eux de mystérieux rapports... Mais quatre nouvelles planètes en huit jours ! Tout doux ! Messieurs les astronomes, il faut en laisser pour les autres... On voit que le nombre de ces petites valseuses invisibles qui tournaient entre les orbites de Mars et de Jupiter s'est singulièrement accru depuis notre enfance, où l'on n'en comptait que quatre : Cérès, Pallas, Junon et Vesta. Tous les noms des déesses et demi-déesses de la mythologie antique y ont passé depuis. On est aujourd'hui assez embarrassé pour fournir aux nouvelles un nom suffisamment céleste. Vous verrez qu'on va être obligé de se rabattre sur les déesses modernes. Celles-là, par exemple, nous n'en manquerons pas. »

Dr ALEXANDRE MICHEL.

FIN.

Soumission de l'auteur à la sainte Mère l'Église en ce qui touche les opinions émises dans cet opuscule.

DU MÊME AUTEUR P. LACHÈZE (DE PARIS)

A BOURRON (SEINE-ET-MARNE).

1° **La Fin des temps**, ou l'accomplissement de l'Apocalypse et des prophéties des anciens Prophètes. . . . . 6 fr.

2° **Le retour des Juifs**, ou accomplissement des prophéties de tous les anciens Prophètes, honoré d'un bref du souverain pontife Pie IX, et orné de plans représentant le temple de Jérusalem et l'autel Ariel. . . . . 7 fr

BREF APOSTOLIQUE

A NOTRE CHER FILS LACHÈZE, A PARIS,

PIE P. P. IX.

Cher fils, salut et bénédiction apostolique.

« On nous a remis un ouvrage composé par vous en français et imprimé l'année dernière à Paris, intitulé : *Le Retour des Juifs*. Au milieu des graves occupations du souverain pontificat, nous n'avons pu, très-cher fils, trouver un moment pour le lire à loisir; néanmoins, nous vous remercions infiniment de ce précieux envoi ; et pour vous offrir une preuve de notre prédilection en N.-S., nous vous donnons avec amour, à vous-même, mon cher fils, et du fond de notre cœur paternel, la bénédiction apostolique comme un gage de toute sorte de vraie prospérité.

» Donné à Rome, à Sainte-Marie-Majeure, le 29 mars 1817, la première année de notre pontificat. PIE P. P. IX. »

3° **L'Evangile dans son unité**, ou *Vie de Notre-Seigneur Jésus-Christ, d'après les quatre Evangélistes réunis*, concordance honorée de *Lettres latines de Rome*. et de l'approbation de huit évêques.

LETTRES LATINES

« On vient de remettre au souverain pontife l'exemplaire d'un livre que vous avez composé et publié, lequel a pour titre : *l'Évangile dans son unité*. Bien que les affaires et les graves occupations dont Sa Sainteté est continuellement assaillie l'aient absolument empêchée d'en prendre connaissance, elle a une entière confiance que ce livre atteindra le but que vous vous êtes proposé, voyant surtout que plusieurs évêques de France l'ont approuvé et jugé digne de leurs éloges. Elle accueille donc avec bienveillance le don que vous lui en avez fait, et elle me charge particulièrement de vous remercier. Et, pour gage de sa gratitude et de ses dispositions favorables à votre égard, le bien-aimé Pontife vous envoie avec une tendresse paternelle sa bénédiction apostolique, attirant de ses vœux sur vous toute sorte de vrai bonheur.

« Il me reste à vous témoigner moi-même l'assurance de mon dévoûment, auquel je joins ardemment pour vous devant Dieu des vœux de joie et de salut.

« Le très-humble et très-dévot serviteur du glorieux saint Pierre,

« Pour les Lettres Latines,

« Dominique FIORAMONTI. »

Édition in-8°, fusion des textes en latin et en français, et notes scientifiques et morales avec tableau synoptique des textes latins. . . . . 7 fr. 50

Troisième édition in-18, avec les notes destinées aux mères de famille. . . . . 2 fr.

Sixième édition in-18, sans notes, pour les écoles. Broché, 75 c.; cartonné, 90 c.

Édition grecque, approuvée par Mgr l'Archevêque de Paris, publiée par J. Delalain.

Deuxième édition, illustrée de 34 gravures sur acier, publiée par Furne.

4° **La Perfection chrétienne d'après l'Imitation de Jésus-Christ**, contenant l'analyse de l'Imitation, et 500 méditations sur chaque nombre, dans l'ordre des trois DEGRÉS de la vie spirituelle et intérieure : la vie *purgative* (1er livre), la vie *illuminative* (2e livre), la vie *unitive* (3e livre), appliqués aux trois ÉTATS de la vie spirituelle : la vie *active*, la vie *contemplative* et la vie *mixte*. Le 4e livre est proposé comme moyen de perfection par la sainte communion. 2 vol. in-18. . . . . 5 fr.

5° **Le Système du monde d'après Moïse,** précédé d'une chronologie et de recherches sur la question de la Pâque. . . . . 7 fr.

6° **Le Livre d'or,** présenté sous un nouveau jour, avec l'analyse par chapitres. . . . . 1 fr.

7° **Sainte Hildegarde**, *Scivias Domini*, ses vingt-sept visions interprétées, petit format in-32. . . . . 1 fr. 75

8° **L'excellence de la Religion,** par le cardinal de la Luzerne, avec l'analyse de son discours, et traduction des notes à l'appui, tirée de l'Écriture sainte et des Pères. Ouvrage propre à donner en prix dans les hautes classes. (A éditer par souscription, prix : 3 fr. 50.)

9° **Traduction de Sainte Élisabeth,** abbesse de Schonaugie, pour faire suite à sainte Hildegarde. (Inédite.)

10° **Commentaire sur les interprétations par sainte Hildegarde** de ses visions. (Inédit.)

Périgueux. — Imprimerie Dupont et Ce. — D. 75.

13

www.ingramcontent.com/pod-product-compliance
Ingram Content Group UK Ltd.
Pitfield, Milton Keynes, MK11 3LW, UK
UKHW021017200726
13857UKWH00004B/1484